ÉLOGE FUNÈBRE

DE

M. ANTOINE-AGILE JEANROY,

CURÉ DE LUXEUIL,

DÉCÉDÉ LE 27 MARS 1876,

PRONONCÉ A SON SERVICE FUNÈBRE DU TRENTIÈME JOUR,

en l'église paroissiale de cette ville,

LE 4 MAI DE LA MÊME ANNÉE,

PAR

M. P.-F. GUIRON,

CURÉ DE LURE.

BESANÇON,

IMPRIMERIE ET LITHOGRAPHIE DE J. JACQUIN,

Grande-Rue, 14, à la Vieille-Intendance.

1876.

ÉLOGE FUNÈBRE

DE

M. ANTOINE-AGILE JEANROY,

CURÉ DE LUXEUIL,

DÉCÉDÉ LE 27 MARS 1876,

PRONONCÉ A SON SERVICE FUNÈBRE DU TRENTIÈME JOUR,

en l'église paroissiale de cette ville,

LE 4 MAI DE LA MÊME ANNÉE,

PAR

M. P.-F. GUIRON,

CURÉ DE LURE.

BESANÇON,

IMPRIMERIE ET LITHOGRAPHIE DE J. JACQUIN,

Grande-Rue, 14, à la Vieille-Intendance.

1876.

ÉLOGE FUNÈBRE

DE

M. ANTOINE-AGILE JEANROY,

CURÉ DE LUXEUIL.

Fleverunt eum omnis populus Israël planctu magno, et lugebant dies multos.

Tout le peuple d'Israël le pleura avec un grand gémissement, et ses larmes durèrent de longs jours.

(I *Mach.*, IX, 20.)

Mes Frères,

Tel est l'éloge funèbre que, dans son énergique concision, l'écrivain sacré nous fait du vaillant Judas Machabée, mort glorieusement sur le champ de bataille, en combattant avec un petit nombre de braves pour l'honneur de son pays et le salut de ses frères. Ces gémissements et ces larmes de tout un peuple pleurant amèrement pendant de longs jours la mort de son héros, plus éloquents que des discours entiers, vous les avez entendus et vous les avez vues dans l'enceinte de ce temple, tendu maintenant de draperies funèbres parce qu'il est devenu veuf de celui qui fut son époux et son père, le jour où, remplissant le douloureux ministère de présider à ses funérailles, nous répandions avec vous sur son cercueil les dernières prières et la suprême bénédiction de l'Eglise. Là aussi se trouve tout entier son éloge funèbre, et plus énergiquement exprimé que par les paroles les plus pompeuses. Qu'ai-je besoin, dès lors, de paraître aujourd'hui dans cette chaire, et que puis-je vous y dire pour la louange de votre cher défunt qui la rende aussi vive que le spectacle de cette foule en deuil, comptant dans ses rangs, outre les enfants des écoles, les élèves du séminaire et du collège, la municipalité, les notables de la ville, un ou plusieurs membres de chaque famille, soixante et dix-huit prêtres précédant et suivant, le jour de ses funérailles, sa dépouille mortelle du presbytère en cette maison de Dieu, et de cette maison de Dieu au champ du repos? Ce simple exposé ne devrait-il pas commencer et terminer en même temps ce discours?

Mais, regardant comme un devoir de céder à des désirs vivement exprimés, voulant de plus donner cette marque d'attachement à un confrère qui, vivant, la mérita à plus d'un titre, désireux aussi d'apporter quelque soulagement à la douleur d'un frère qui l'aimait avec tendresse, et qui, en le perdant, demeure le dernier membre d'une des plus anciennes et des plus estimables familles du pays, et de donner en même temps un témoignage de satisfaction particulière au très digne premier vicaire (1) de cette paroisse, qui a montré tant de courage et de dévouement dans la double perte, en quatre ans, des deux vénérables prêtres qu'il eut pour guides et pour pères, je ne veux pas ne pas remplir la tâche que j'ai acceptée, vous priant, toutefois, de m'être indulgents si je ne puis louer, selon la mesure de vos espérances, celui que vous pleurez. Pour la remplir de mon mieux, je vous montrerai notre cher et regretté défunt tel que l'ont toujours apprécié tous ceux qui l'ont connu, c'est-à-dire comme un homme d'*énergie*, comme un homme de *dévouement*, comme un homme de *zèle*.

Telle sera la matière de ce discours funèbre, ou plutôt de cet entretien, consacré à la mémoire de votre révérend père en Dieu, M. Antoine-Agile Jeanroy, successivement curé de Bucey-lez-Gy, de Villersexel et de Luxeuil.

I. M. l'abbé Jeanroy naquit à Bouhans-lez-Lure, d'une famille bien plus recommandable encore par ses principes de foi et ses sentiments de piété, que par son ancienneté et son aisance. D'après un usage pratiqué en quelques pays, il reçut au baptême, avec le prénom d'Antoine, celui de saint Agile, dont on célébrait la fête ce jour-là, et qui fut un des saints les plus renommés de cette cité de Luxeuil, où, chose singulière, le nouveau baptisé devait commencer et finir sa carrière

---

(1) M. l'abbé Sautot.

cléricale. Ce fut, en effet, dans l'antique abbaye de saint Colomban, transformée en ce petit séminaire, qui fut toujours le plus en renom dans le diocèse, et qui ne l'est pas moins aujourd'hui que jamais sous le gouvernement des maîtres habiles et dévoués qui le dirigent, qu'Antoine-Agile commença ses études préparatoires à l'état ecclésiastique. Après avoir achevé sa rhétorique sous l'excellent M. Clerc, de sainte mémoire, il étudia la philosophie à Vesoul et la théologie à Besançon, où il sut se maintenir aux premiers rangs par son travail et sa piété. Revêtu du sacerdoce, il fut nommé au modeste vicariat de Noroy-le-Bourg, où il ne passa qu'un an, sous la direction d'un saint prêtre, M. l'abbé Monnin. Appelé du vicariat de Noroy à celui beaucoup plus important de la paroisse de Saint-François-Xavier, à Besançon, il y fut pendant onze ans l'auxiliaire dévoué de M. Ruellet, curé de cette paroisse, chanoine honoraire de la métropole, qui lui avait donné toute sa confiance. Il n'en sortit, au grand regret et du curé et des paroissiens, que pour venir administrer l'importante succursale de Bucey, puis la cure de Villersexel et enfin la vôtre.

Mais, dans ces diverses positions, ce qui distingua d'abord M. Jeanroy, ce fut une grande énergie.

Je lis ces paroles au livre des Proverbes : « Le sage est vaillant, et le docte est vigoureux et résolu : *Vir sapiens fortis est, et vir doctus robustus et validus* [1]. » C'est le moins que le prêtre, et surtout le prêtre pasteur

---

[1] *Prov.*, XXIV, 5.

des âmes, soit un sage : c'est une nécessité qu'il soit du nombre des doctes. Mais ni la sagesse ni la science ne lui suffisent, si chacune de ces qualités ne se complète par la force. Toutes les vertus du chrétien, il les faut au prêtre et dans un plus haut degré. Mais si vous me demandez laquelle de ces vertus est la vertu propre du pasteur des âmes, l'apanage distinctif de cette sainte profession, la réponse ne sera pas difficile. L'ordre est un sacrement un et multiple qui confère, dès le début, à ceux qui le reçoivent, une certaine mesure de force, une certaine énergie de résistance. Le pontife, en l'administrant, dit au diacre : *Accipe Spiritum sanctum ad robur, ad resistendum.* La prêtrise, qui est un degré supérieur au diaconat, est donc un degré supérieur de la force spirituelle, de la résistance sacrée. Votre regretté pasteur n'avait jamais oublié cette parole : *Accipe Spiritum sanctum ad robur, ad resistendum.* Voilà pourquoi, sous un extérieur calme et froid, son cœur était largement pétri de cette force, de cette énergie spirituelle qui, pendant son vicariat à Saint-François-Xavier, en fit, parmi les membres du clergé de cette paroisse, l'homme d'action par excellence, et qui, tant à Bucey-lez-Gy qu'à Villersexel et à Luxeuil, lui fit presque toujours atteindre le but qu'il s'était proposé, malgré la résistance que pouvaient rencontrer les différents actes de son administration pastorale. En face de l'obstacle, il eut toujours la prudence du serpent : ce qui décidait le plus souvent du succès, c'est qu'il fut hardi : *vir sapiens, fortis.* Rien ne pouvait l'abattre ni le décourager : dans les circonstances difficiles, il prenait quelque chose de l'allure du guerrier qui monte à l'assaut ; comme le soldat français, il disait volontiers : *En avant !* Non pas qu'il eût foi à l'adage païen qui promet l'aide de la fortune aux audacieux, *audaces fortuna juvat*, mais parce qu'il avait foi au secours de Dieu, à la grâce de l'état, à l'efficacité du commandement, à la puissance de la prière, aux miracles de la charité, et aussi parce qu'il avait le sentiment de sa propre énergie et de son indomptable vouloir ; en un mot, parce qu'il savait qu'un pasteur des âmes n'est sage qu'autant qu'il est fort : *vir sapiens, fortis*, et qu'il ne faut pas se mêler d'exercer l'autorité si l'on ne se sent le bras assez ferme pour vaincre le mal et pour terrasser les difficultés : *Noli fieri judex, nisi valeas virtute irrumpere iniquitates* (1).

Si, dans votre condition de simples laïques, vous n'avez point reçu le sacrement de l'ordre ni entendu prononcer sur vos têtes cette parole adressée au diacre par l'évêque qui administre ce sacrement : *Accipe Spiritum sanctum ad robur,* n'oubliez pas cependant que vous l'avez reçu, cet esprit qui communique la force, au jour de votre confirmation, *ad resistendum*, pour résister à tous les ennemis de votre Dieu et de votre salut. Et pourtant quelle résistance opposez-vous à ces ennemis toujours acharnés à vous perdre ? Quelle énergie est la vôtre quand il s'agit de confesser hardiment votre foi en face des incrédules et des impies ; de repousser dédaigneusement les blasphèmes aussi ridi-

---

(1) *Eccl.*, vii, 6.

cules que sacriléges qu'ils ne cessent de proférer contre Dieu, contre son Christ, contre le chef suprême de son Eglise et ses ministres; de mettre sous vos pieds ce misérable respect humain, ce terrible ennemi des consciences, qui, non moins redoutable que le glaive des premiers persécuteurs de l'Eglise, vous empêche, contrairement à vos convictions et malgré la voix du remords, de remplir le devoir de la prière, de l'audition de la sainte messe, de l'observation de l'abstinence, de l'abstention des œuvres serviles les dimanches et fêtes de précepte, de la confession annuelle et de la communion pascale ? Ah ! mes frères, si vous tenez à honorer par quelque endroit la mémoire de celui qui est l'objet de ce discours, montrez pour l'accomplissement de vos devoirs religieux cette sainte et vigoureuse énergie qu'il fit paraître lui-même pour celui des devoirs de sa charge pastorale, vous souvenant que, même dans sa condition de simple fidèle, le chrétien n'est pas assez sage s'il n'est également fort et vaillant, et qu'il n'est pas convenablement docte s'il n'est, en même temps, vigoureux et résolu. *Vir sapiens fortis est, et vir doctus robustus et validus.*

II. M. l'abbé Jeanroy ne fut pas seulement un homme *d'énergie*, il fut encore un homme de *dévouement*.

Qu'est-ce que le dévouement chez le prêtre, et surtout chez le prêtre pasteur des âmes ? Pour lui, se dévouer, c'est faire à Dieu et à ses frères le don et le don complet de son intelligence, de sa volonté, de son cœur, de tout lui-même ; c'est sacrifier à cette noble cause ses aises, son repos, sa santé même ; c'est supporter comme saint Paul, ce grand convertisseur des âmes, la faim, la soif, la nudité, les persécutions et les opprobres ; c'est, comme le souverain Pasteur, rechercher à force de sueurs et de fatigues, à travers les ronces et les épines, les brebis perdues de la maison d'Israël ; c'est, au besoin, donner sa vie pour son troupeau, puisque, selon la parole du divin Maître, *le bon pasteur donne sa vie pour ses brebis : bonus pastor dat animam suam pro ovibus suis* [1].

Eh bien ! mes frères, ce dévouement du prêtre sans lequel son ministère est stérile, ce dévouement qui faisait dire au grand apôtre : « Je donnerai volontiers tout ce que j'ai et je me donnerai moi-même pour le salut de vos âmes, » votre regretté pasteur l'avait mieux compris que personne : aussi le pratiqua-t-il de la manière la plus généreuse, dès le début de sa carrière sacerdotale, jusqu'au moment où une mort aussi douloureuse pour vous qu'inattendue est venue l'arracher à votre estime et à votre affection. Quelle sollicitude pour l'instruction religieuse des enfants ! Quelle ardeur à annoncer la parole de Dieu, à entendre les confessions, à corriger les abus et à les remplacer par des œuvres de zèle propres à exciter et à nourrir la piété dans le cœur de ses paroissiens ! Quel empressement à visiter les malades, à secourir les pauvres et surtout les pauvres honteux, poussant sa charité à l'égard de ceux-ci jusqu'à payer de ses propres deniers, pendant de longues

---

[1] *Joann.*, x.

années, la pension d'un jeune homme pauvre qu'il affectionnait et qu'il destinait, lorsque ce jeune homme serait devenu prêtre, à partager avec lui le fardeau de son administration pastorale !

Mais ce dévouement que M. l'abbé Jeanroy pratiquait si bien dans l'ensemble des œuvres de son ministère de pasteur, Dieu lui ménagea un jour l'occasion de le déployer dans tout l'éclat de son héroïsme. Ce jour devait être celui d'un des plus terribles épisodes de cette malheureuse guerre franco-prussienne, où la France, jusque alors si grande et marchant comme une reine à la tête des nations européennes, vit son antique gloire si profondément abaissée, ses deux plus belles provinces, l'Alsace et la Lorraine, détachées de sa couronne, et son redoutable vainqueur lui imposant comme condition de paix une rançon telle qu'on n'en compta jamais de si lourde dans l'histoire des peuples vaincus.

Bourbaki, par des manœuvres habilement dirigées, et qui portèrent d'abord la terreur au cœur des Allemands, avait pu amener rapidement son armée des bords de la Loire et la concentrer sur ceux du Doubs, entre Besançon et Belfort, afin de dégager cette dernière ville, qui, depuis plus de deux mois déjà, étonnait par sa résistance héroïque l'obstination de nos ennemis. Cremer, de son côté, était arrivé à son secours avec la division dont il avait le commandement. Voilà donc les ennemis en présence. Villersexel est choisi pour être un des théâtres de cette lutte terrible et décisive pour l'une et l'autre nation. Le combat commence. Déjà le magnifique château de la noble et antique famille des de Grammont et quelques maisons de Villersexel sont envahis par les Prussiens, qui s'y retranchent comme dans autant de forteresses. Les Français, avec leur ardeur accoutumée, se précipitent sur eux pour les en débusquer. Ne pouvant le faire avec leurs seules armes, ils mettent le feu et au château et aux maisons occupées par l'ennemi. Pendant ce temps le canon gronde, mêlant le bruit de sa grande voix à celui d'une fusillade continuelle, et vomissant partout de meurtriers projectiles, dont quelques-uns déjà ont atteint les cheminées et la toiture du presbytère, menacé à chaque instant d'être dévoré par les flammes ; et si à tout cela vous ajoutez l'effroi des habitants éperdus, les cris plaintifs des blessés, les râlements des mourants, vous me direz si jamais vous fûtes témoins d'un spectacle plus horrible que celui-là.

Eh bien! au milieu de ces milliers de balles qui sifflent, de ces obus qui éclatent, de ces cris plaintifs des blessés et de ces râlements des mourants, M. Jeanroy, plus courageux que ce juste d'Horace, que les ruines, dont il reçoit le choc, trouvent intrépide, parce que son courage lui vient, non d'un stoïcisme orgueilleux, mais de la grâce du Dieu dont il est l'apôtre, M. Jeanroy, dis-je, le calme et la tranquillité sur le visage, mais la plus tendre compassion dans le cœur, s'avance vers ceux qui sont tombés dans le combat, pour leur faire donner une prompte et convenable sépulture; vers ceux que leurs blessures laissent encore vivants, pour les faire transporter et les transporter lui-même dans les ambulances, afin de leur donner les secours que permettra de leur procurer une situation si critique.

Disons-le, mes frères, à la louange de la population de Villersexel, le souvenir profond qu'elle sut garder de cet acte sublime de dévouement la rendit, dans la suite, plus équitable envers M. Jeanroy, en ce que ce souvenir fit disparaître de son esprit les préventions mal fondées avec lesquelles elle l'avait vu devenir le successeur d'un homme aussi éminent que M. l'abbé Sauvage, et en ce que ces préventions injustes cédèrent la place, dans son cœur, à un sentiment de profond attachement, dont elle donna des marques sincères au moment où il se sépara d'elle pour venir prendre possession de la cure de Luxeuil.

La manière de célébrer la mémoire de ceux qui ont été nos pères et nos maîtres dans la foi consiste à recueillir les leçons et à imiter les exemples qu'ils nous ont donnés. Comprenez, mes frères, que le dévouement sans limites dont notre cher et regretté défunt vous donna tant de preuves ici, comme dans les deux autres paroisses dont il fut le pasteur, doit être aussi le vôtre dans la sphère propre des devoirs que vous avez à remplir comme chrétiens et aussi comme citoyens.

La grande plaie de la société actuelle, non-seulement religieuse, mais civile, c'est l'égoïsme. On ne peut y remédier que par le dévouement et l'esprit de sacrifice; et pourtant que d'insouciance chez la plupart pour les questions les plus dignes d'occuper l'attention! On dirait que les affaires du pays ne les touchent en rien, et qu'il leur importe peu de marcher vers le salut ou vers la ruine. Pour peu que l'accomplissement d'un devoir leur impose quelque gêne, ils s'en dispensent sous le prétexte le plus léger ; ils renvoient à d'autres le sacrifice, ne retenant pour eux-mêmes que la jouissance.

Triste conséquence des habitudes de mollesse qui ont pénétré dans tous les rangs de la société moderne! Pourvu que l'on ne soit pas troublé dans son repos, dans ses aises, le reste paraît indifférent, et l'on n'a pas le courage d'enlever au plaisir le peu de temps et de soin que réclamerait le bien public. Qu'arrive-t-il par suite de cette indifférence coupable? Le champ reste ouvert aux entreprises des méchants, le mal suit son cours sans rencontrer de barrière, et, après s'être endormi dans une fausse sécurité, on se réveille en face d'un péril qu'il eût été facile de prévenir avec moins de présomption et plus de dévouement et de bonne volonté. Arrière donc, mes frères, toutes ces habitudes de mollesse et de sensualité qui, en brisant les courages et en abaissant les caractères, détruisent l'esprit chrétien, qui est, avant tout, un esprit de sacrifice et de dévouement, et qui, en brisant l'esprit chrétien, sapent par là même, dans leur fondement, toutes les conditions vitales du bon ordre et de la prospérité des sociétés humaines.

III. Enfin M. Jeanroy fut un homme de zèle. Le zèle, dans le pasteur des âmes, est un écoulement naturel de son énergie et de son dévouement. Cette énergie et ce dévouement ayant été chez M. Jeanroy ce que je viens de vous en dire, cette troisième qualité, le zèle, devait dès lors couronner en lui les deux autres.

Pénétré de douleur en voyant la désolation du temple de Dieu, le saint roi David lui disait un jour : Le zèle de votre maison m'a dévoré : *Zelus domûs tuœ comedit me.* M. Jeanroy peut nous répéter à son tour, du fond de son sépulcre, la parole du prophète-roi : *Zelus domûs tuœ comedit me,* et cette parole est, sans contredit, l'épitaphe la plus vraie que l'on puisse graver sur sa tombe.

Selon l'ordre établi par Dieu, et à considérer la dignité de nos âmes, le premier objet du zèle pastoral doit être la construction de la maison de Dieu, prise dans le sens mystique, je veux dire la sanctification de nous-mêmes, appelés par le chef des apôtres des pierres vivantes [1], destinées à former cet édifice spirituel qui, sur la terre, se compose de tous les justes, et qui, terminé dans le ciel par le complément du nombre des élus, aura pour couronnement suprême Notre Seigneur Jésus-Christ, le chef de tous les prédestinés. Sous ce rapport, le zèle de M. Jeanroy fut toujours ce qu'il devait être dans les diverses paroisses dont il fut successivement le pasteur ; l'énergie et le dévouement que nous l'avons vu y déployer en sont une preuve convaincante.

Mais cette maison de Dieu, dont le zèle dévorait le cœur de David, peut s'entendre aussi, dans le sens littéral, de ces temples matériels consacrés au culte du Très-Haut, et, sous cet autre point de vue, M. Jeanroy put dire encore en toute vérité comme David : *Le zèle de votre maison m'a dévoré.* Dieu, qui distribue ses dons

---

[1] *Petr.*, ii, 5.

comme il le veut, lui avait donné un goût, un tact, un talent tout particulier pour donner à la maison de la prière et du sacrifice toute la splendeur possible, afin de pouvoir dire aussi avec le roi-prophète : *Nous avons aimé la beauté de votre maison et le lieu très saint où habite votre gloire,* et au presbytère, qui en est l'annexe obligée, toute la commodité et tous les embellissements désirables. Regardant cette œuvre non-seulement comme un témoignage public d'adoration et d'amour rendu à la suprême grandeur et à l'immense charité de cet *Emmanuel* qui nous honore de sa présence, qui nous prévient de sa familiarité, mais encore comme l'expression la plus magnifique de la foi et de la reconnaissance de tout véritable chrétien, M. Jeanroy s'y appliqua avec une ardeur infatigable, sans s'inquiéter jamais des ressources nécessaires pour la réaliser.

Ainsi, lorsqu'en 1859 il fut appelé de son vicariat de Saint-François-Xavier à l'importante succursale de Bucey-lez-Gy, il y avait un presbytère à bâtir pour remplacer l'ancien, qu'on regardait comme insuffisant, mais qui, dans son insuffisance, pouvait cependant devenir assez spacieux par la construction d'un étage ajouté au rez-de-chaussée. L'édification du nouveau presbytère projeté devenait dès lors une œuvre difficile, et d'autant plus difficile qu'elle ne pouvait être mise à exécution que par un vote des quatre ou cinq communes qui composent la paroisse de Bucey. Le nouveau curé vint à bout de renverser ces obstacles, et, selon sa méthode, malgré de nouvelles difficultés qui surgirent au moment même de la fin des travaux, il fit les choses si grandement et si bien, que le presbytère de Bucey est, sans contredit, un des plus beaux du diocèse.

À peine cette construction était-elle achevée, c'était en 1865, que M. Jeanroy, qui avait toute la confiance de l'éminent cardinal Mathieu, fut nommé à la cure de Villersexel, pour y succéder à M. l'abbé Sauvage, dont le zèle, non moins grand que celui de son successeur, avait pu recueillir de la charité de ses paroissiens, ainsi que le constatent des documents certains, l'immense somme d'au moins 30,000 francs, tant pour l'acquittement d'une dette de 1,500 francs contractée pour les besoins de la fabrique, l'achat d'une cloche, d'un dais, d'ornements sacerdotaux, que pour l'acquisition d'un orgue, de magnifiques candélabres d'autel, d'un superbe expositoire pour le saint Sacrement et quelques travaux de réparations locatives à faire au presbytère.

Marchant sur les traces du pasteur zélé dont il recueillait la succession, M. Jeanroy, pendant le peu de temps qu'il administra la paroisse de Villersexel, put recueillir, à son tour, la somme considérable de 17,000 francs, qu'il consacra en autres dépenses : à faire des changements notables au presbytère avec une élégance telle qu'elle a pu quelquefois paraître exagérée à la modestie de quelques-uns, à agrandir le jardin du presbytère au moyen de l'acquisition d'un terrain voisin, à mettre plus en arrière l'orgue avec sa tribune, parce que celle-ci, trop saillante dans l'église, en masquait d'une manière désagréable le coup d'œil général.

Le zèle de M. Jeanroy pour ces diverses œuvres à Villersexel, loin d'y avoir épuisé son activité, se manifesta d'une manière plus active encore dans celles non moins admirables que, devenu votre pasteur, il devait réaliser parmi vous.

Rendons toutefois, mes frères, justice à chacun. Cette église fut aussi l'objet principal de la sollicitude et du zèle administratif de M. l'abbé Vuillemenot, ce digne curé dont la mémoire n'a pas cessé d'être en bénédiction parmi vous. Lorsqu'il devint votre pasteur, cette église, si admirable dans l'ensemble de son plan architectural, était dans un état de malpropreté et de dégradation qui faisait un pénible contraste avec l'élégance et la beauté de ses proportions. M. Vuillemenot, qui se voyait condamné à en être le témoin journalier, s'employa de toutes ses forces, et ce ne fut pas sans succès, à obtenir du gouvernement et du conseil municipal de la ville, et elles furent considérables, les sommes nécessaires pour reconstruire depuis leurs fondations jusqu'à leur sommet tous les murs du sanctuaire, et remplacer de la base à la voûte un des piliers du transept dont la dégradation avait nécessité, déjà depuis de longues années, un grand mur de soutènement qui coupait le côté droit de ce transept, dont la chute pouvait, d'un jour à l'autre, être entraînée par celle du pilier lui-même.

Ces grands travaux terminés, M. Vuillemenot put, au moyen de sommes données par des personnes pieuses de la paroisse, réparer la sacristie, belle maintenant comme celle d'une cathédrale, enrichir le sanctuaire d'un autel monumental et de la magnifique verrière qui orne la fenêtre de l'abside, et mettre à l'état de restauration et de décoration où vous les voyez aujourd'hui quatre des chapelles absidales qui ornent le côté oriental du transept.

Mais ces œuvres, qui demeurent comme autant de témoins du zèle intelligent et actif de M. Vuillemenot pour la beauté de la maison de Dieu, devaient être égalées, sinon surpassées, par le zèle non moins actif de son successeur.

Me contentant, pour ne pas trop prolonger ce discours, de rappeler rapidement à votre mémoire l'achat fait quelque temps avant sa mort, par M. Jeanroy, d'une superbe verrière placée à côté de celle de la fenêtre de l'abside, de nouveaux fonts de baptême de style ogival comme l'église, de deux anges servant de bénitiers à l'entrée de la grande nef, puis la décoration des deux autres chapelles du transept, que la mort si rapide de M. Vuillemenot ne lui avait pas donné le temps de décorer comme les quatre autres, et enfin la restauration d'une très ancienne statue en pierre du chef des apôtres, reléguée depuis de longues années dans un coin obscur, et qui aujourd'hui est placée en avant du mur, du côté gauche du transept, j'arrive à celle de ses œuvres que j'appelle capitale et merveilleuse : capitale, parce qu'elle embrasse l'édifice tout entier ; merveilleuse, parce qu'elle a été le fruit de sa propre conception et exécutée sous sa direction personnelle, sans le secours d'aucun architecte. Cette œuvre capitale et merveilleuse, c'est le grattage de cette église tout entière, où le marteau d'habiles ouvriers tyroliens a fait impitoyablement disparaître l'horrible badigeon jaune et rose, agrémenté de taches verdâtres, qui déshonorait les voûtes et les murs depuis plus de soixante ans, et a mis à découvert les beaux moellons de grès rouge et blanc, dont les teintes pittoresques donnent un aspect si religieux à nos anciens monuments du Nord et de l'Est.

Cette œuvre colossale devait, semble-t-il, mettre un terme à l'activité du zèle de M. Jeanroy pour l'embellissement de cette église. Loin de là, il songeait encore à retracer l'histoire de Luxeuil et de ses saints dans des verrières artistiques et des peintures à fresque dont il emprunterait les motifs aux légendes du pays ; à reproduire à ses frais la vie de saint Agile, son patron, dans les trois fenêtres de la rosace du nord, et, dans les bas-côtés, les actes principaux des fondateurs de monastères qui sortirent de la célèbre abbaye de Luxeuil. Il rêvait même une amélioration à laquelle les siècles passés ne semblent point avoir songé : l'abaissement du niveau de la place publique, l'érection d'un nouveau portail et la suppression de l'escalier qui défigure l'entrée de ce monument. Les vingt-cinq mille francs qu'il avait dépensés, seulement pendant les quatre années qu'il fut curé de Luxeuil, permettaient d'espérer qu'il aurait suffi à toutes les dépenses nécessaires pour la réalisation de ces grandes œuvres. Mais, hélas ! la mort, qui n'épargne et ne respecte rien, est venue rapidement faire disparaître tous ces rêves que caressait si délicieusement son cœur. Cette église, c'était toute sa joie, le paradis terrestre de son âme, à ce point que, quelques heures seulement avant de rendre le dernier soupir, il disait à son confesseur : *N'est-ce pas que je ne dois pas mourir encore, et que bientôt je pourrai revoir ma chère église ?* Il ne devait plus la revoir de ses yeux mortels, car le divin Maître, content de ce bon et fidèle serviteur, était venu lui dire : Serviteur fidèle et zélé, quittez cette église terrestre que votre amour pour moi a revêtue de tant de beauté ; venez dans la mienne, plus belle que la vôtre ; dans ma céleste Jérusalem, dont j'ai fait les fondements de jaspe, de saphir, d'émeraudes, de topazes et d'hyacinthes.

Ici encore, mes frères, laissez-moi, en terminant ce discours, tirer une conclusion pratique dans l'intérêt de votre âme. Saint Paul l'a dit : « Vous êtes la maison de Dieu, le temple vivant de son Esprit, et ce temple est d'une dignité bien supérieure à celle de ces temples bâtis de la main de l'homme et consacrés à la gloire du Très-Haut. » Le même apôtre ajoute : « Celui qui profanera ce temple, Dieu le perdra, Dieu le maudira. » Eh bien ! mes frères, quel zèle est le vôtre pour la restauration, la purification, la décoration de votre temple spirituel ? Car ce temple, le péché le dégrade, le péché le souille, le péché le fait nu et dépouillé. Quel soin en avez-vous ? Hélas ! que de brèches faites à ses murailles par cet orgueil qui monte toujours : *superbia eorum ascendit semper ;* par cette cupidité qui ne dit jamais : *c'est assez, c'est assez ;* par cet esprit de haine et de vengeance que rien ne peut étouffer ! Que de taches imprimées à la blancheur de ses murs par ces pensées mauvaises que nourrit votre esprit, par ces désirs cri-

---

(1) *Apoc.*, xxi, 19-20.

minels que forme votre cœur, par ces impudicités honteuses commises seul ou avec complice, et qui sont en vous comme ces idoles que ces soixante-dix vieillards d'Israël, dont parle le prophète Ezéchiel, avaient fait peindre sur les murailles du temple, et devant lesquelles ils se prosternaient en disant : « Ne craignons rien ; Dieu ne nous voit pas, car il a déserté la terre d'Israël. » Quelle pauvreté, quelle nudité encore dans ce temple spirituel, par suite de cette vie de mollesse, de tiédeur, d'indifférence pour Dieu et les choses du salut ; de cette vie stérile en bonnes œuvres, qui est, hélas! la vie de tant de chrétiens ! Ah ! si vous voulez conserver la mémoire de celui qui fut si zélé pour la beauté de cette église et pour la sanctification de vous-mêmes, temple spirituel plus agréable à Dieu que ce temple matériel dans lequel je vous vois rassemblés en ce moment, efforcez-vous de réparer les ruines de cette maison vivante qu'a consacrée la grâce de votre baptême et celle de votre confirmation, par une véritable pénitence et un retour sincère aux pratiques religieuses depuis si longtemps délaissées par vous. Rendez-lui sa blancheur perdue, par une vie chaste et pure ; décorez-la par les œuvres de piété et de charité que vous inspirera la grâce de votre Dieu ; et lorsque l'ange de la mort viendra vous frapper vous-mêmes pour vous traduire au tribunal du souverain juge, vous pourrez y paraître avec confiance, parce que vous pourrez répéter encore, en les appliquant à vous-mêmes, ces paroles du saint roi : « Seigneur, nous avons aimé la beauté de votre maison, le lieu très saint où habite votre gloire. »

Mais tandis que je célèbre ici devant vous l'énergie, le dévouement et le zèle qui furent la triple couronne de la vie sacerdotale et pastorale de M. Jeanroy, je ne pense pas rétracter en rien cette louange, en vous conjurant, avant de descendre de cette chaire, de lui donner devant Dieu un souvenir de piété filiale, en disant à ce Dieu par qui tous ont la vie, *Deum cui omnes vivunt :* Seigneur, donnez à votre serviteur le repos éternel : *requiem œternam dona ei, Domine;* et qu'une lumière sans fin l'environne de ses divines clartés : *et lux perpetua luceat ei;* car c'est la doctrine de l'Eglise, puisée dans nos saints livres, que rien de souillé ne peut entrer dans le royaume de Dieu. Or, durant le cours de son ministère pastoral, celui que vous avez perdu n'aurait-il pas à compter devant Dieu quelques pas mal assurés, quelques infidélités, triste apanage de notre faible nature, et bien difficiles à éviter dans l'accomplissement de devoirs aussi nombreux et aussi graves que le sont ceux d'un pasteur des âmes?

Quant à vous, cher confrère, recevez d'une voix qui vous fut connue ce dernier adieu, ou plutôt cette suprême espérance de vous revoir dans le sein de cette Bonté infinie où toutes les nobles amitiés, immortalisées par la foi, vivifiées par la charité, se donnent un céleste rendez-vous.

Puissions-nous nous y présenter comme vous, avec un cœur aussi droit, une âme aussi pure, des mains aussi pleines de bonnes œuvres! En attendant ce moment heureux, où la mort n'a plus le pouvoir de rien séparer, que le souvenir de vos vertus demeure pour l'exemple de ceux qui sont condamnés encore à voyager dans le triste pèlerinage de ce monde, et que votre mort, sainte et précieuse devant Dieu, devienne l'enseignement de notre vie !

BESANÇON, IMPRIMERIE DE J. JACQUIN.

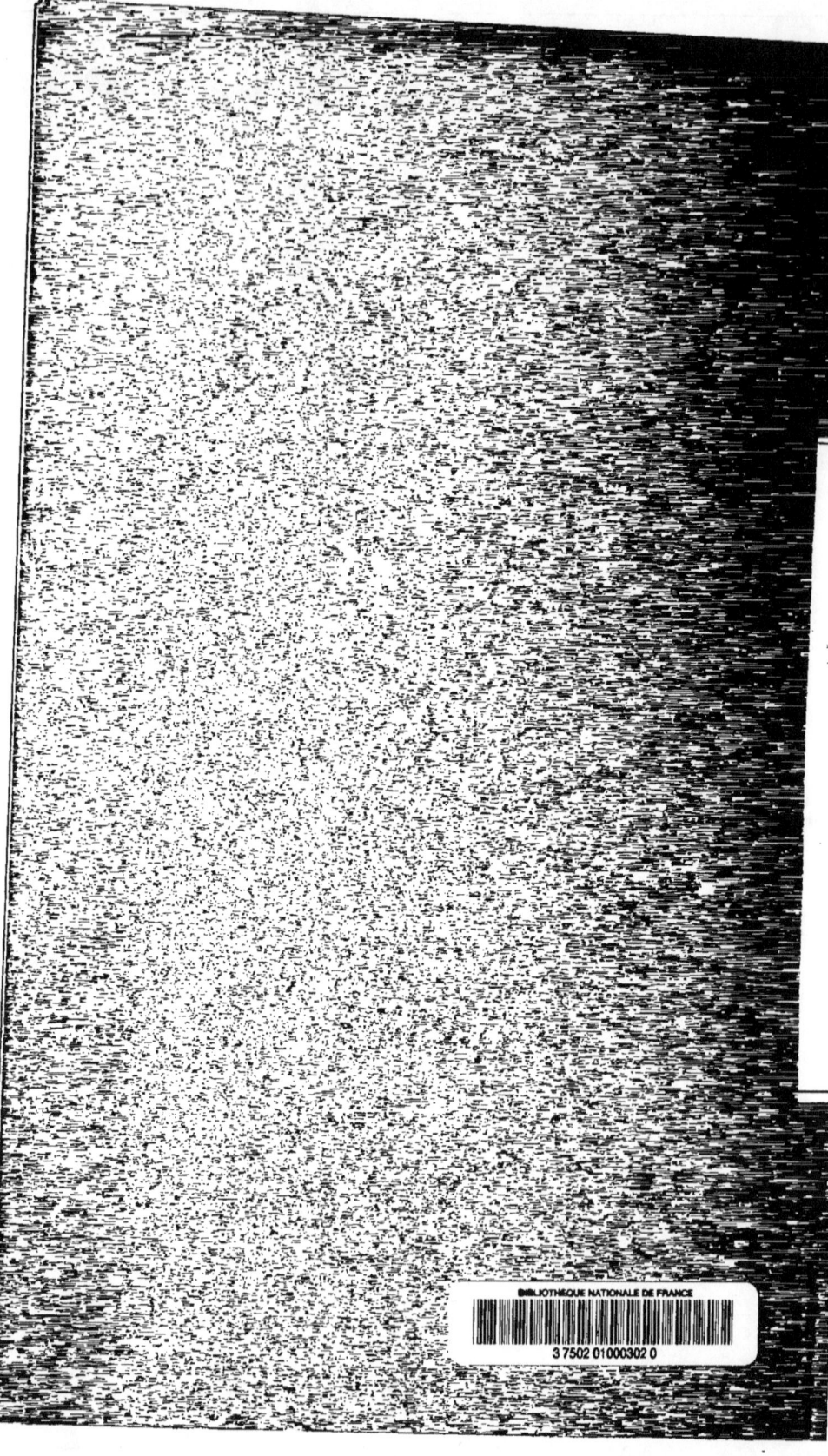

www.ingramcontent.com/pod-product-compliance
Lightning Source LLC
Chambersburg PA
CBHW061017050426
42453CB00009B/1490